FORSCHUNGSBERICHTE DES LANDES NORDRHEIN-WESTFALEN

Nr. 3181 / Fachgruppe Elektrotechnik/Optik

Herausgegeben vom Minister für Wissenschaft und Forschung

Prof. Dr.-Ing. Walter Geisselhardt
Dipl.-Ing. Michael Trautwein
Fachbereich Elektrotechnik
Institut für Datenverarbeitung
Universität - Gesamthochschule - Duisburg

Fehlertolerante Mikroprozessorsysteme

Westdeutscher Verlag 1984

CIP-Kurztitelaufnahme der Deutschen Bibliothek

Geisselhardt, Walter:
Fehlertolerante Mikroprozessorsysteme / Walter
Geisselhardt ; Michael Trautwein. - Opladen :
Westdeutscher Verlag, 1984.

  (Forschungsberichte des Landes Nordrhein-
  Westfalen ; Nr. 3181 : Fachgruppe Elektro-
  technik, Optik)
ISBN 978-3-531-03181-1   ISBN 978-3-322-87621-8 (eBook)
DOI 10.1007/978-3-322-87621-8
NE: Trautwein, Michael:; Nordrhein-Westfalen:
Forschungsberichte des Landes ...

© 1984 by Westdeutscher Verlag GmbH, Opladen
Herstellung: Westdeutscher Verlag

Lengericher Handelsdruckerei, 4540 Lengerich

ISBN 978-3-531-03181-1

Inhalt

1.	Zusammenfassung	5
2.	Stand der Forschung	7
3.	Analyse von Mikroprozessoren	10
4.	Mikroprogrammierbarer Prozessor	13
4.1	Architektur	13
4.2	Schnittstellen zur Fehlertoleranz	14
5.	Maßnahmen der Zuverlässigkeitstheorie	15
5.1	Voraussetzungen	15
5.2	Anwendungen	16
6.	Bedieneinheit für den Programmspeicher	20
7.	Fehlertypen	21
8.	Coderedundanz	23
8.1	Anforderungen und Auswahl	23
8.2	Residuencode	23
8.3	Fehlererkennung bei Operationen	27
9.	Hardwarebeschreibung	30
9.1	Fehlererkennung für 16 bit-Operationen	30
9.2	Fehlerkorrektur für 12 bit-Adressen	33
9.3	Aufwand	36
10.	Zusammenarbeit mit anderen Wissenschaftlern	39
11.	Ausblick	40
	Literatur	41
	Anhang	46

1. Zusammenfassung

Der Einsatz von Mikroprozessoren in Automatisierungs-, Regelungs-, Datenverarbeitungsanlagen und anderen komplexen Systemen erfordert eine hohe Zuverlässigkeit und Betriebssicherheit der elektronischen Bauelemente. Mikroprozessoren im Verbund mit anderen Bauelementen als Einplatinen-Computer oder auf höherer Integrationsebene als Einchip-Computer stellen den Kern eines Mikrorechners dar. Aufgrund des Komplexitätsgrades und der entsprechenden Ausfallmechanismen /WEY79,STR83/ ist es notwendig, die Funktionüberwachung, die Verfügbarkeit und die Testbarkeit derartiger elektronischer Bauelemente zu erhöhen. Maßnahmen, wie sie im Bereich des Fault-Tolerant-Computing zur Erreichung von Fehlertoleranz digitaler Systeme erarbeitet wurden und werden, bieten zur Funktionsüberwachung und Erhöhung der Verfügbarkeit geeignete Ansätze und Lösungen.

Am Beispiel eines mikroprogrammierbaren Mikroprozessors werden verschiedene Möglichkeiten vorgestellt, um Daten, Operationen und Adressmodifikationen zu überwachen bzw. Verfälschungen dieser zu korrigieren. Die Transparenz eines mikroprogrammierbaren Prozessors bietet hier die geeignete Möglichkeit, durch Eingriffe in die Architektur und durch Hardwareerweiterungen Fehlertoleranzmaßnahmen zu implementieren. Diese Maßnahmen beziehen sich auf den Steuer-, Speicher- und Operationsbereich und beinhalten hauptsächlich die Fehlererkennung und -korrektur durch gesicherte Codierung.

Die Leistung der angewandten Verfahren wird durch den Hardwareaufwand, die Beeinflussung der Verarbeitungsgeschwindigkeit und die Restfehlerwahrscheinlichkeit bestimmt.

Das Ziel des Vorhabens war und ist die möglichst vollständige Fehlertoleranz des gesamten Prozessors bezüglich permanenter und transienter Fehler. Das Ziel wird erreicht durch Coderedundanzen und Hardware-Redundanzen, wobei jedoch - wie bei allen vergleichbaren Verfahren -

sich an verschiedenen Stellen im Schema des Prozessors Mehrdeutigkeiten bezüglich der Aussage über die Fehlerfreiheit ergeben. Die überwachenden Bereiche des Prozessors sind mindestens als selbsttestend /AME73/, oft sogar als vollständig selbstüberwachend konzipiert.

2. Stand der Forschung

Die meisten nationalen und internationalen Aktivitäten zur Erhöhung der Zuverlässigkeit, Verfügbarkeit oder Fehlertoleranz von digitalen Systemen beziehen sich auf die Systemarchitektur selber oder auf Mehrprozessorsysteme. Hardware und Software bilden dabei oft eine Einheit. Exemplarisch seien hierzu als kommerzielles Produkt die Rechnerserie TANDEM Non-stop /SAM81/ genannt. Bezüglich der Mehrprozessorsysteme sind Studienobjekte wie Attempto /ACD83/ und auf Untersuchungen basierende Versuchsmodelle, wie sie Schmitter /BES82/ und Maehle /MAE82/ vorstellten oder Applikationen, die von Syrbe /SYR81/ erläutert wurden, hervorzuheben. Bei derartigen Mehrprozessorsystemen steht die Frage der Diagnostizierbarkeit bestimmter Konfigurationen im Vordergrund, d.h., daß die Art der Diagnose von untergeordneter Bedeutung ist.

Mit zunehmender Integrationsdichte der Mikroprozessorbauelemente und dem wachsenden Einsatz von Mikrorechnern in Steuerungs-, Regelungs-, Kommunikations- und Datenverarbeitungsanlagen hat das Problem der Verfügbarkeit und Fehlertoleranz dieser Mikrorechner selber bzw. einzelner Module an Wichtigkeit gewonnen. Die Arbeiten zur Fehlererkennung bzw. Fehlerkorrektur unterscheiden sich in ihren Zielen, je nachdem ob
- der Mikrorechner inklusive Applikationssoftware,
- der Mikroprozessor mit zugehörigem Speicher etc.
  oder noch differenzierter
- die einzelnen Module eines Mikroprozessors

betrachtet werden.

Namjoo /NAM82/ beschreibt die Fehlererkennung bezüglich Programmablauffehler in einem Mikrorechner. Die Voraussetzung hierfür ist, daß sich Hardwaredefekte im Programmablauf als fehlerhafte Assemblersequenzen äußern. Die Fehlererkennung erfolgt dadurch, daß dem Programm entsprechende Signaturen zugefügt werden. Diese Signaturen werden an Knotenpunkten (Zieladressen für jede Art von Sprüngen) überprüft. Die Vergleichsoperation liefert eine Aussage über die Fehlerfreiheit. Bis auf Speichererweiterungen, Signaturregister- und Vergleichslogikschaltungen scheint der zusätzliche Hardwareaufwand gering zu sein. Jedoch werden Fehler innerhalb von Programmblöcken (Sequenz von Befehlen ohne Sprungquelle und Sprungsenke) frühestens am nächsten Knoten detektiert.

Für Teilbereiche eines Mikrorechners, wie

- Mikroprozessor,
- Interfaces,
- Arbeitsspeicher,

wurden auch separate Untersuchungen durchgeführt. Für die Halbleiterspeicher basieren die Methoden zur Fehlererkennung bzw. -korrektur auf den Theorien zur Coderedundanz /PEW72/. Dazu liegen bereits kommerzielle Bauelemente vor, wie der AMD 2960A /AMD80/, der für dynamische Speicher mit einer Kapazität bis 256 K Worte und einer Wortlänge von 8bit bis zu 64bit die zugehörigen Prüfbits generiert und am Speicherausgang die korrespondierende Überwachung und Korrektur übernimmt. Mit Hilfe eines modifizierten Hamming-Code (6 bis 8 Checkbits) werden alle Einzelbitfehler korrigiert, alle Doppelbitfehler und einige Dreifachbitfehler erkannt. Außerdem läßt sich dieses Bauelement im Diagnostik-Modus betreiben, um durch Testung die korrekte Funktion des Schaltkreises zu überprüfen.

Die Studien, die sich mit den einzelnen Modulen eines Mikroprozessors befassen, betreffen neben dem Speicher hauptsächlich die Programmsteuereinheit (Sequenzer). Dem Operationswerk wird offensichtlich weniger Bedeutung beigemessen. Maßnahmen zur Fehlertoleranz des Operationswerkes werden meistens in Verbindung mit Firmwareeinrichtungen vorgestellt /PAT82/. Zu Lasten der kontinuierlichen Überwachung wird damit die Fehlertoleranz durch Einbeziehung des Betriebssystems erreicht.

Seit den Arbeiten von Cook et al. /COO73/ im Rahmen der Entwicklungen am Bell Laboratory zu einem elektronischen Telefonvermittlungssystem war und ist die Programmsteuereinheit oft Bestandteil universitärer und industrieller Forschung. Eine Arbeit, die in einzelnen Teilen als Konkurrenz zum geförderten Vorhaben zu sehen ist, wurde anläßlich der

letzten FTCS-13 (International Symposium on Fault-Tolerant Computing) in
Milano 1983 vorgestellt /WAF83/. Als Studienobjekt dient ebenfalls die
Mikroprogrammsteuereinheit (MCU-Microprogram Control Unit) für mikropro-
grammierbare Prozessoren. Ausgehend von dem kommerziellen AMD 2910 Sequenzer wurde der Schaltkreis modifiziert und erweitert (Bild 2.1).

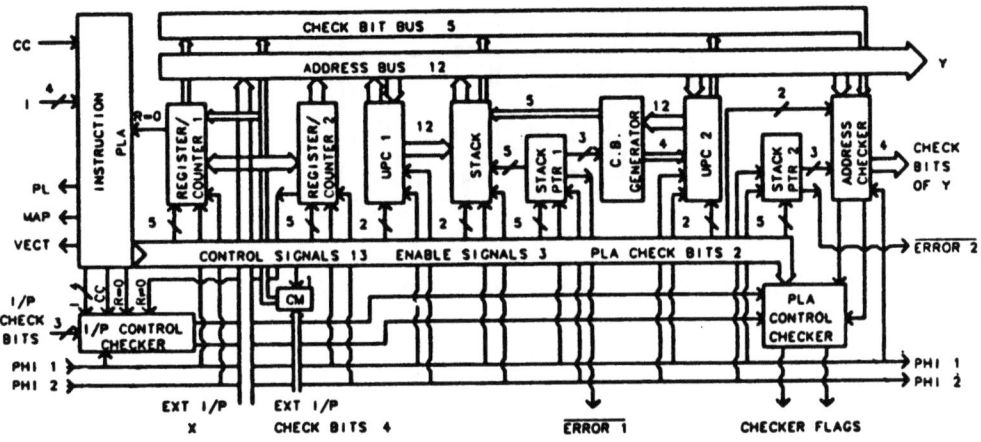

Bild 2.1: Blockdiagramm der MCU aus /WAF83/ (Figure 2)

Ausgehend von der Annahme, daß in gespeicherten Worten und auf Transfer-
und Steuerbussen vorwiegend unidirektionale Fehler auftreten, beliebige
Fehler jedoch in funktionellen Einheiten, werden zwei verschiedene Maßnahmen zur kontinuierlichen Fehlererkennung vorgestellt. Für die unidi-
rektionalen Fehler basieren sie auf der Berger-Codierung, für die funktionellen Einheiten, wie u.a. für den Mikroprogrammzähler, bestehen sie
aus der Verdopplung der Einheiten. Außerdem wird, ähnlich wie in /TRA82/
vorgeschlagen, von der Anwendung von PLAs Gebrauch gemacht. Ein Zwei-
phasentakt sorgt in dieser Studie für geringe Performance-Verluste. Für
Redundanzmaßnahmen wurden auf Befragung des Vortragenden 55 % der Chipfläche angegeben /TRA83.3/. Diese Angabe konnte aufgrund eines Entwurfs
nach Mead-Conway /MEC80/ für die in Bild 2.1 gezeigte Struktur ermittelt
werden. Dieses Vorgehen erlaubt daher auch die Darstellung des zugehörigen Floorplans (Bild 2.2).

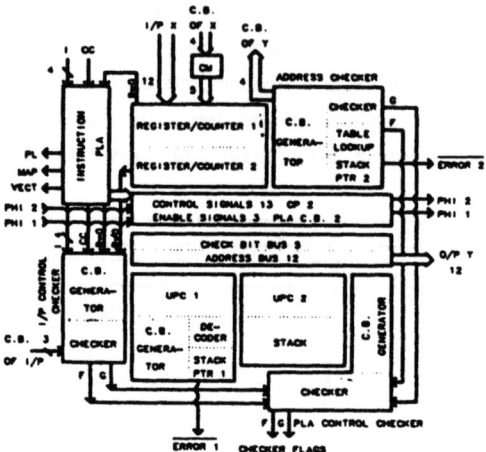

Bild 2.2: Floor plan der MCU aus /WAF83/ (Figure 8)

3. Analyse von Mikroprozessoren

Die Analyse der Struktur und der Arbeitsweise gängiger Mikroprozessoren
konnte nur aufgrund allgemein zugänglicher Datenblätter oder Sekundärliteratur durchgeführt werden. Über den genauen internen Aufbau und damit
die exakte Architektur konnten keine Herstellerinformationen beschafft
werden. Dennoch wurde der Versuch unternommen, von der Beschreibung der
Arbeitsweisen ausgehend, einige Mikroprozessoren zu vergleichen. Der
Vergleich erfolgte unter Verwendung eines allgemeinen Strukturbildes
nach /OSB76/ (Bild 3.1) und der Einbeziehung von Informationen über den
jeweiligen Befehlssatz.

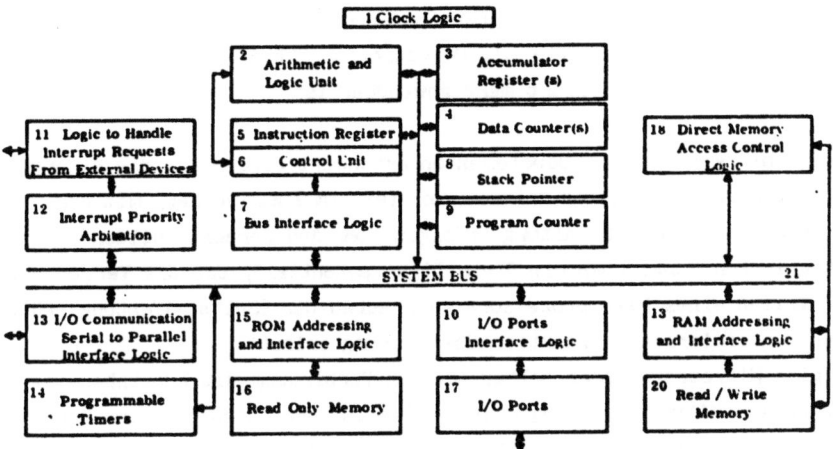

Bild 3.1: Allgemeines Schema für Mikroprozessoren (aus/OSB76/)

Dieses Bild enthält Funktionsblöcke, die über Bus-Leitungen miteinander in Verbindung stehen. Außerdem lassen sich zusammengehörende Teilbereiche (z.B. 1 bis 9) erkennen. Die Blöcke 2 bis 9 stellen die Minimalkonfiguration einer CPU (Mikroprozessor) dar. Beim derzeitigen Integrationsgrad werden jedoch zusätzliche Blöcke ganz oder teilweise mit eingeschlossen. Bei der Komplexität neuartiger Mikroprozessoren liegt der Unterschied zu Mikrorechnern lediglich im Fehlen von geeigneten Mensch-Maschine-Schnittstellen wie Tastaturen und Datensichtgeräte. Die bis heute geltende Aussage /REI79/, daß für die Fehlerwahrscheinlichkeit p_F gilt,

$$p_F \sim 1/r^3 \qquad (3.1)$$

mit r: Kantenlänge der aktiven Chipfläche

bedeutet für den Entwurf, die Zuverlässigkeitsmaßnahmen bei der Herstellung, die Testung und die Funktionsüberwachung von hochintegrierten

Bauelementen eine besondere Herausforderung. Außerdem sind neue Ausfallmechanismen zu nennen, wie z.B. Oxidationen /STR83/, auf die das übliche Stuck-at-Fehlermodell nicht mehr anwendbar ist.

Die Hochintegration von Bauelementen erschwert einerseits die externe Prüfung bzw. Testung, vor allem wenn diese im Zusammenhang mit der gesamten umgebenden Schaltung erfolgen muß. Andererseits bilden die integrierten Funktionen ein "Intelligenzpotential", das die Verwendung von Teilen eines Mikroprozessors zu Zwecken der (Selbst-)Testung /KUB83/ oder kontinuierlichen Funktionsüberwachung erlaubt.
Gängige Mikroprozessoren selber oder in Verbindung mit Zusatzbauelementen als Mikroprozessorsystem stellen in ihrer Struktur eine Von-Neumann-Maschine dar (Bild 3.2 a)). Der Speicher enthält die Befehle (Makrobefehle) und Daten in einem gemeinsamen Speicherbereich.

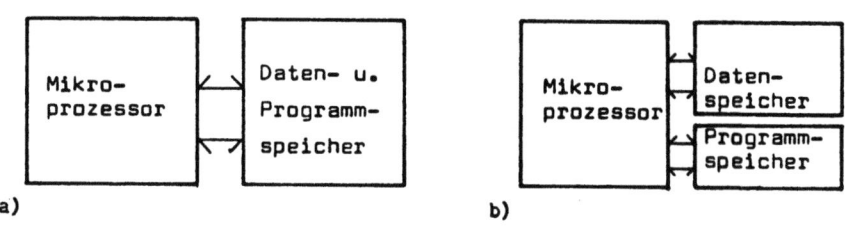

Bild 3.2: a) Von-Neumann-Typ   b) Harvard-Typ

Der Mikroprozessor selber kann wiederum als ein Maschinentyp angesehen werden. Nimmt man an, daß die internen Adress-, Transfer- und Verknüpfungsfunktionen ähnlich einer mikroprogrammierten Steuerung organisiert werden, so entspricht der Mikroprozessor einer Harvard-Maschine (Bild 3.2 b)). (Mikroprozessoren wie der Intel 8086, iAPX296 /GUT83/ oder auch der MC 68000 werden vom Hersteller als mikroprogrammierte Mikroprozessortypen deklariert). Das entsprechende Mikroprogramm ist in einem ROM abgelegt, die zu verarbeitenden Daten und Adressen werden in 1- oder k-stufigen Speichern zwischengespeichert. Es lag daher nahe, die prinzipiellen internen Funktionen eines Mikroprozessors anhand eines mikroprogrammierbaren, mit MSI/LSI-Bauelementen realisierten Prozessors zu untersuchen /BRE78/ und so geeignete Aussagen über Ansatzpunkte zur Fehlererkennung- oder Fehlerkorrektur zu erhalten.

4. Mikroprogrammierbarer Prozessor

4.1 Architektur

Der Aufbau und die Untersuchung eines mikroprogrammierbaren Prozessors stützte sich auf die bipolar TTL Bauelementserie AMD 2900, die hauptsächlich 4bit-slices für die Adressensteuerung und die Verknüpfungseinheit (ALU mit Register, CPU-Kern) enthält. Bild 4.1 zeigt als Blockbild den prinzipiellen Aufbau eines derartigen Prozessors. Der Prozessor ist schon in Teilbereiche wie Steuerbereich, Speicherbereich und Operationsbereich unterteilt. Die mit "Bus" bezeichneten Blöcke stellen hier die Verbindung zur

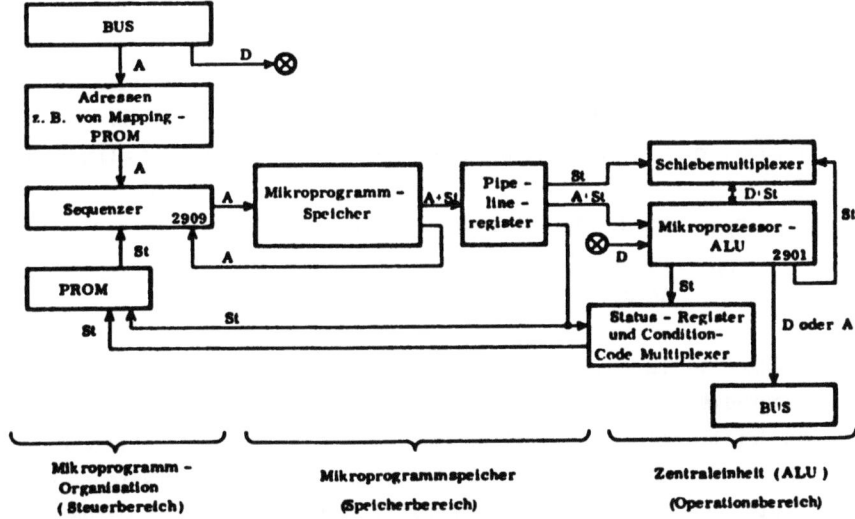

Bild 4.1: Prinzip eines mikroprogrammierbaren Prozessors

Makromaschine dar, über die die zu verarbeitenden Daten und die Makrobefehle zur Mikro-Maschine (mikroprogrammierter Prozessor) gelangen.
Der Opcode der Makroinstruktion wird über ein Mapping-PROM interpretiert und es wird eine Startadresse an den Sequenzer (Mikroprogrammsteuerung) übergeben. Diese Startadresse weist auf den Beginn einer Mikrobefehlsfolge, deren Abarbeitung der Ausführung des zugehörigen Makrobefehls entspricht. Der Sequenzer legt je nach Steuerung durch den Adressenteil des Mikrobefehls und des Ergebnisses des Operationswerkes Folgeadressen an den Mikroprogrammspeicher an. Diese Folgeadressen sind direkt inkre-

mentierte Adressen, Sprungadressen (zu einer bestimmten Adresse oder zum
Beginn eines Unterprogramms) oder Rücksprungadressen aus einem Unterprogramm. Um eine Synchronisation und Parallelfunktion zwischen dem Steuerbereich incl. Speicherbereich und dem Operationsbereich zu erhalten,
wird der Mikrobefehl im Pipeline-Register zwischengespeichert. Die Daten
(Operanden) der Makromaschinenebene werden in Abhängigkeit von der Mikrobefehlsfolge im Operationswerk verknüpft und das Ergebnis hier zwischengespeichert oder auf den Bus ausgegeben. Die Statusinformationen
dieses Bereiches können über die Rückkopplung als Konditionen zur Programmsteuerung verwendet werden.

4.2 Schnittstellen für Fehlertoleranzmaßnahmen

Wie in Bild 4.1 angegeben, läßt sich der Prozessor grob in drei funktionale Bereiche aufteilen. Außerdem sind die Daten- und Adresslängen beliebig zu wählen, wenn von der Inkrementierung um 4bit bei der Programmsteuerung und beim CPU-Kern abgesehen wird. Somit kann allgemein
von

n_{Ad} Anzahl der Bits pro Adresse,
n_{Op} Anzahl der Bits pro Datum (Operand) und
n_M Anzahl der Bits pro Mikrobefehl

ausgegangen werden, wobei auf jeden Fall $n_M > n_{Ad}$ gilt, da die Adressen
im Mikrobefehlswort enthalten sind. Die unterschiedlichen Bit-Anzahlen
können damit an die verschiedenen Erfordernisse angepaßt werden. Da ein
Speicher mit einer Tiefe von 256 Worten als ausreichend angesehen wird,
wurde die Adressbitzahl $n_{Ad} = 12$ gewählt. Für die Operanden werden 16bit
bzw. 20bit zur Verfügung gestellt, $n_{Op} = 16(20)$. Da ein Mikrobefehl
neben der Adresse noch Steuer- bzw. Adressbits für den Operationsbereich
und den Steuerbereich enthält, wurde $n_M = 38$ gesetzt.

Die strukturelle Unterteilung des Prozessors in die drei Bereiche legt
gleichzeitig die Grenzen für Fehlertoleranzmaßnahmen fest. So lassen
sich die einzelnen Bereiche getrennt voneinander betrachten und damit
auch unabhängig voneinander Fehlertoleranzmaßnahmen implementieren. So
ist vor allem für den Speicherbereich eine der bewährten Codesicherungsmethoden /PEW72/ anwendbar. Fehlertoleranzmaßnahmen für diesen Bereich
wurden daher ausgespart und das Gewicht mehr auf die Steuerung und die
Operandenverknüpfung gelegt.

Als Schnittstellen werden hier diejenigen Punkte verstanden, an denen
eine korrekte Information bereitstehen muß. Entsprechend der Bereichs-
aufteilung müssen zunächst korrekte Adressen an den Mikroprogrammspeicher angelegt werden. Zweitens sollte der korrekte Mikrobefehl aus dem
Pipelineregister ausgegeben werden. Drittens sollte die Bildung und die
Ausgabe des korrekten Verknüpfungsergebnisses aus dem Operationswerk
sichergestellt sein. Und viertens sollte die Steuerung durch die Steuersignale korrekt erfolgen.

5. Maßnahmen der Zuverlässigkeitstheorie

5.1 Voraussetzungen

Bei der Untersuchung mit Hilfe der klassischen Methoden der Zuverlässig-
keitstheorie, wie Redundanzen oder Mehrheitsentscheidungen, wird für
jeden betrachteten Modul m ein konstanter Wert der Ausfallrate $\lambda_m(t)$ angenommen.

$$\lambda_m(t) = \text{konst.} \quad \text{für} \quad t \geq t_o = 0 \quad (5.1)$$

Außerdem wird die Ausfallrate für den Zeitraum $t < t_o = 0$ vernachläs-
sigt, d.h., daß die Ausfallwahrscheinlichkeit $Q_m(t)$ des betreffenden
Moduls m bis zum Beginn der Betriebszeit t_o den Wert

$$Q_m(t) = 0 \quad \text{für} \quad t < t_o \quad (5.2)$$

hat. Die Aussage der Zuverlässigkeitsfunktion $R_m(t)$ liegt mit (5.1)
im Bereich der Zufallsausfälle und kann mit

$$R_m(t) = \exp(-\lambda_m \cdot t) \quad (5.3)$$

angegeben werden.

Es ist außerdem vorausgesetzt, daß

- der Ausfall eines der betrachteten Module von den übrigen Modulen
  statistisch unabhängig ist,
- die Taktversorgung fehlerfrei arbeitet,
- die Spannungsversorgung fehlerfrei ist,

- die Eingangsdaten (Adressen, Operanden, Steuersignale) des betrachteten Bauelementes, Moduls oder eines gesamten Bereiches fehlerfrei sind und
- die Wahrscheinlichkeit für einen Ausfall p_E größer ist als die Wahrscheinlichkeit für einen mehrfachen Ausfall p_M ($p_E > p_M$).

5.2 Anwendungen

Aktive und passive Redundanz sowie Mehrheitsentscheidung werden auf den Steuer- und den Operationsbereich bezogen. Der Speicherbereich wurde ausgespart, da die komplette Verdopplung oder gar Verdreifachung des Mikroprogrammspeichers als zu aufwendig angesehen wird. Außerdem sind für die Ausfallarten von Speicherbauelementen leistungsfähige Codesicherungsmaßnahmen /WAK78/ bekannt.

Passive Redundanz erfordert bei Schaltwerken eine Regeneration der Information des ausgefallenen Elementes und somit einen großen zeitlichen und hardwaremäßigen Aufwand. Daher wurde lediglich die passive Redundanz für ein Schaltnetz wie das Sequenzer-PROM untersucht. Da dieses kombinatorische Schaltungselement die Steuersignale für die Programmsteuereinheit generiert, ist die Sicherung bzw. Fehler-(Ausfall-) Erkennung dieses Elementes notwendig.

Die aktive Redundanz zur Fehlerkorrektur wurde für den Sequenzer AMD2909 (Mikroprogrammsteuerung) angewendet /SOE78/.

Die Mehrheitsentscheidung mit dem Ziel der Fehlerkorrektur und Fehleranzeige wurde ebenfalls für die Programmsteuerung und außerdem für den CPU-Kern (RALU AMD 2901) untersucht.

Versuchsaufbauten zeigten die Notwendigkeit, zusätzlich zu den theoretisch vorzusehenden Hardwareelementen weitere Bauelemente zu verwenden. Diese waren hauptsächlich zur Synchronisation des Fehlererkennungszeitpunktes, zum Schalten von Signalleitungen und zur Detektierung von intermittierenden Fehlern erforderlich. Bild 5.1 zeigt als Beispiel die aktive Redundanz des Mikroprogramm-Sequenzers. Die Angaben erfolgen für 4 bit Ausgänge.

Dem ursprünglichen Funktionspfad mit dem Sequenzer S1 wurde ein zweiter Pfad mit dem Sequenzer S3 parallelgeschaltet. Je nach Fehlerzustand in diesen Pfaden wird mittels Multiplexer von S1 auf S3 umgeschaltet. Die Sequenzer S2 bzw. S4 dienen der Fehlererkennung im jeweiligen Pfad mit S1 bzw. S3. Die Schaltung enthält noch diverse Schalter, um an den Ausgängen der Sequenzer entsprechende Fehlerzustände einzustellen.

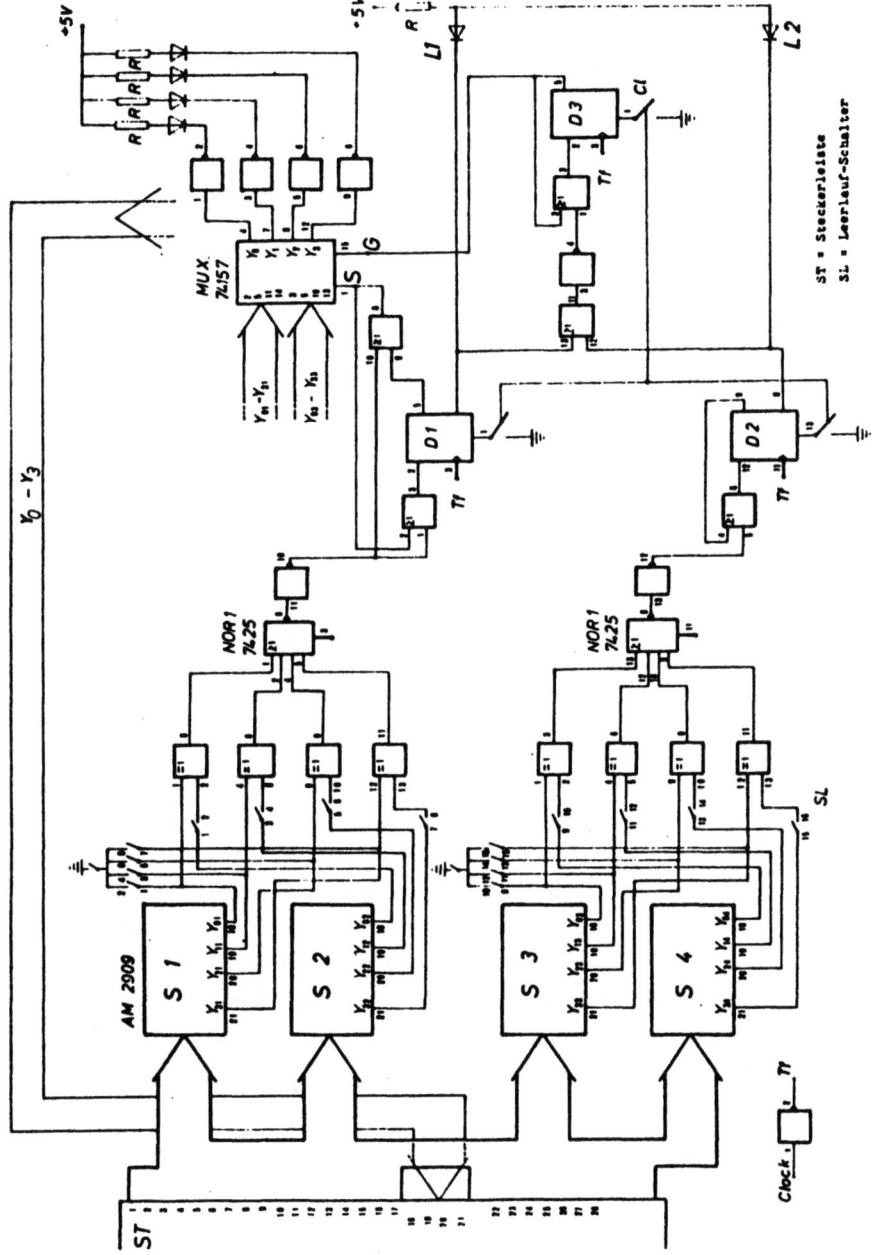

Bild 5.1: Aktive Redundanz zur Fehlerkorrektur beim Mikroprogramm-Sequenzer

Die Berechnung der Zuverlässigkeitsfunktion erfolgte auf der Grundlage des "Markowschen Modells" /HÖI78/ und entsprechender Übergangsdiagramme. Hierbei wurde jedoch angenommen, daß die Reparatur durch Austausch einzelner Bauelemente nicht möglich sei. Außerdem wurden die Vergleicherschaltungen (Exor-Gatter etc.) und die Fehlererkennungselemente (D-Flipflops) als jeweils ein Block im Funktionsblockbild repräsentiert. Für die jeweiligen Blöcke wurde mit gleicher Ausfallrate und somit mit gleicher Überlebenswahrscheinlichkeit $R_o(t)$ gerechnet. Für die drei genannten Maßnahmen konnten die folgenden Zuverlässigkeitsfunktionen ermittelt werden:

	Maßnahme	Zuverlässigkeitsfunktion
A	Aktive Redundanz zur Fehlerkorrektur für den Sequenzer	$R(t) = 3/4 + 1/4 \cdot (R_o(t))^8$
B	Passive Redundanz zur Fehlerkorrektur für den Sequ.-PROM	$R(t) = 4/5 + 1/5 \cdot (R_o(t))^5$
C	2 aus 3 Mehrheitsentscheidung für den Sequenzer	$R(t) = (3R_o^2 - 2R_o^3) \cdot R_V^4$
D	2 aus 3 Mehrheitsentscheidung für den CPU-Kern	$R(t) = (3R_o^2 - 2R_o^3) \cdot R_V^{12} \cdot R_G^8$

Bei den Maßnahmen mit Mehrheitsentscheidung bildet das Enscheidungselement (Voter) die kritische Stelle im Zuverlässigkeitsblockbild und damit auch in den Gleichungen für die Zuverlässigkeitsfunktion. Die hohen Potenzen von R_V haben zur Folge, daß trotz der Annahme, daß $R_V = 0,99$ beträgt, die Gesamtzuverlässigkeitsfunktion nicht die gewünschten Werte enthält. R_G bezeichnet die Zuverlässigkeit von zusätzlichen Treibern und Gattern und wurde mit $R_G = 0,999$ angenommen. In Bild 5.2 sind alle Funktionen in einem Diagramm mit der Block-Zuverlässigkeit R_o von 0,9 bis 1,0 dargestellt. Für die Mehrheitsentscheidung wurde außerdem die Funktion mit $R_V = 1,0$ berechnet (Kurve E); bei dieser Annahme liegt der Verlauf der Funktion erwartungsgemäß günstiger.

Außerdem entspricht der Hardwareaufwand für die aktive Redundanz mit nur dem Ziel der Fehlererkennung nicht dem der einfachen Verdopplung der einzelnen Funktionseinheit. Hier sind nämlich noch Fehlererkennungs- und Fehleranzeigeschaltungen hinzuzurechnen, die je nach Ausführung einen nicht vernachlässigbaren Anteil am Gesamtaufwand liefern. Ebenso ist der Aufwand der Mehrheitsentscheidung effektiv größer als das Dreifache der betrachteten Funktionseinheit, weil die Mehrheitsentscheidungslogik und Fehleranzeigen mitbetrachtet werden müssen.

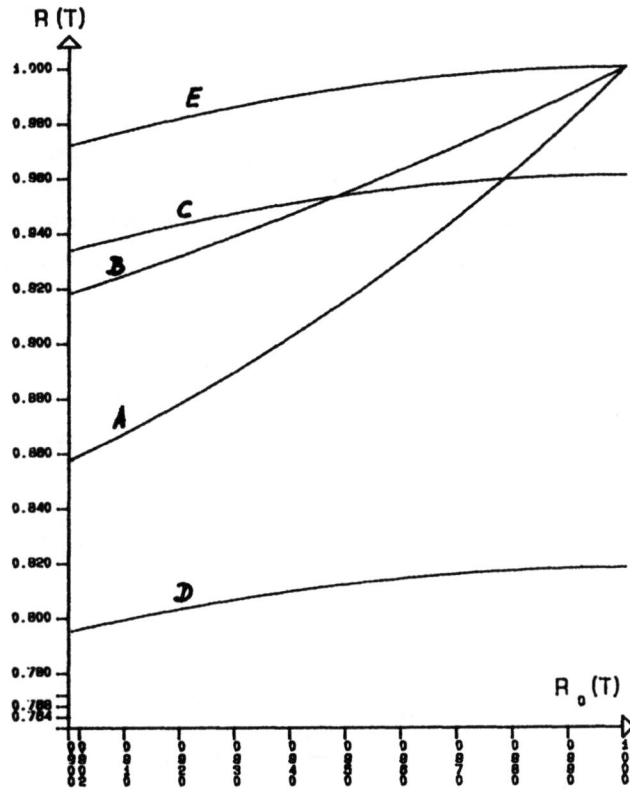

Bild 5.2: Zuverlässigkeitsfunktionen

Aus den Ergebnissen wurde der Schluß gezogen, daß zur Fehlerkorrektur
die Mehrheitsentscheidung (2 aus 3) der aktiven Redundanz inkl. Fehlerkorrektur vorzuziehen ist. Passive Redundanz erscheint auf dieser Ebene
der Schaltungsbetrachtung und wegen der Regenerierung der Vorzustände
bei sequentiellen Schaltungen als ungeeignet. Insgesamt wird die Mehrheitsentscheidung jedoch nur für steuersignalgenerierende Teilschaltungen (z.B. Sequenzer-PROM) vorgeschlagen, da der Aufwand der Mehrheitsentscheidung bei Adressen und Operanden relativ groß ist.

6. Bedieneinheit für den Programmspeicher

Im Rahmen der Versuchsaufbauten wurde ein 8085-System auf Doppeleuropa-
karte entworfen und realisiert /LOR80/, das es ermöglicht, den Mikroprogrammspeicher zu bedienen und Statusinformationen aus dem mikroprogrammierbaren Prozessor aufzufangen. Das System wird über Tastatur und
Bildschirm gesteuert (Bild 6.1).

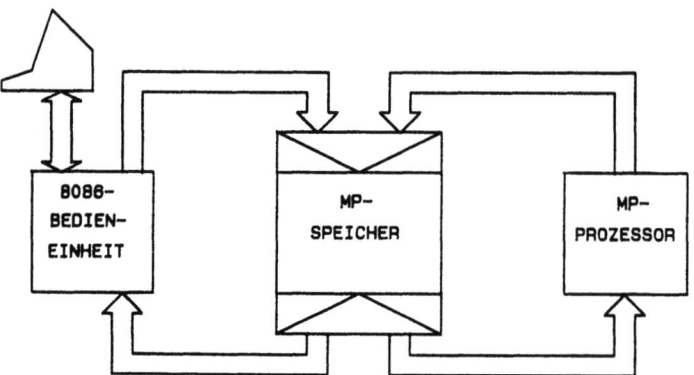

Bild 6.1: 8085-System als Bedieneinheit für den mikroprogrammierbaren Prozessor

Die Eingabe von Menubefehlen für das 8085-System und von Adressen und
Speicherinhalten für den Mikroprogrammspeicher erfolgt über Tastatur.
Sämtliche Aktionen sowie Speicherinhalte werden bildseitenweise auf dem
Bildschirm dargestellt. Außerdem wird über einen entsprechenden Ausgang
die Speicherung und das Einlesen des Mikroprogrammspeicherinhalts mit-
tels Kassettenrekorder ermöglicht. Die Bedieneinheit übernimmt auch den
Programmstart im Einzelschritt- oder Clock-Betrieb von einer jeweils zu
bestimmenden Startadresse.

Während der Mikroprogrammspeicher editiert wird, ist er vom übrigen mikroprogrammierbaren Prozessor über Tristate-Signale entkoppelt. Nach Laden des Programms bzw. nach einer Speicherinhaltsänderung werden die Ein- und Ausgänge des 8085-Systems vom Mikroprogrammspeicher getrennt und der Speicher bildet mit den übrigen Bauelementen wieder eine Einheit. Während des Programmlaufs ist es außerdem möglich, in verschiedenen Registern des 8085-Systems Signalzustände des mikroprogrammierbaren Porzessors aufzufangen und diese zur Kontrolle auf dem Bildschirm darzustellen.

Die Adressen des Mikroprogrammspeichers werden auf dem Bildschirm in hexadezimaler Form gezeigt, für die Inhalte selber besteht die Möglichkeit zwischen der hexadezimalen und der binären Darstellung zu wählen. Dabei können derzeit bis zu $n_M = 48$ bit pro Mikroprogrammspeicherwort dargestellt werden.

7. Fehlertypen

Bezüglich Fehlern beim Transfer oder bei der Speicherung von Daten wird üblicherweise das Hamminggewicht G als Bewertungsmaß herangezogen. Codesicherungsmaßnahmen bauen dabei auf der Mindesthammingdistanz d des Codes auf. Die Mindesthammingdistanz ist eine Vorgabe für den Grad der Fehlererkennung bzw. -korrektur. Diese sogenannten Hammingcodes sichern dann die Daten, wenn sie keiner Modifizierung durch eine Operation unterworfen sind. Es werden mit diesen Codes in der Regel Einzelbitfehler E_{SB} korrigiert und Mehrfachbitfehler E_{MB} erkannt. Unter bestimmten Voraussetzungen lassen sich auch Hamming-Codes bilden, die insbesondere undirektionale Mehrfachbitfehler oder Bündelfehler erkennen. Die Codes werden damit der Fehlerwahrscheinlichkeit angepaßt. Wenn A das korrekte Datum und A' das fehlerhafte Datum darstellen, dann lassen sich Fehler der genannten Art angeben:

$$A' = A \text{ AND } \overline{E_{SB,MB}} \quad \text{(stuck-at-0)} \quad (7.1a)$$

$$A' = A \text{ OR } E_{SB,MB} \quad \text{(stuck-at-I)} \quad (7.1b)$$

E_{SB} steht für einen Einzelbitfehler an der Stelle i des n-stelligen Datums mit

$$E_{SB} = 2^i \text{ für } i = 0, \ldots, n-1. \quad (7.2a)$$

Für Mehrfachbitfehler gilt

$$E_{MB} = \bigcup_{i=0}^{n-1} a_i \cdot E_{SB} = \bigcup_{i=0}^{n-1} a_i \cdot 2^i \qquad (7.2b)$$

mit $a_i \in \{0,1\}$ für $i=0,\ldots,n-1$

Für Einzelbitfehlerworte ist das Hamminggewicht G=1, für Mehrfachbitfehler ist G>1.

Werden Daten durch eine Operation modifiziert oder werden Daten miteinander verknüpft, so dienen andere Maßnahmen wie die arithmetische Codierung zur Sicherung der Daten und der Operationen. Als zusätzliche Fehlertypen treten hier Einzelfehler E_S und Mehrfachfehler E_M auf. Die Fehlerwirkung kann als Addition mod n eines Fehlerwertes auf ein Datum A interpretiert werden. Diese Vorstellung wird damit einer fehlerhaften Operation und deren Auswirkung auf ein Ergebnis gerecht. Für Einzel- und Mehrfachfehler gilt

$$A' = A + E_{S,M} \qquad (7.3)$$

mit $\quad E_S = \pm 2^i \quad$ für $i=0,\ldots,n-1 \qquad (7.4a)$

und $\quad E_M = \pm \sum_{i=0}^{n-1} a_i \cdot 2^i$ mit $a_i \in \{0,1\}$ für $i=0,\ldots,n-1 \qquad (7.4b)$

Für Einzelfehler liefert Gleichung (7.5) die Korrekturbedingung:

$$A = A' - E_S \qquad (7.5)$$

Dem Hamminggewicht G entspricht bei der arithmetischen Codierung das arithmetische Fehlergewicht AW /WAK78/. Bei Einzelfehlerwerten ist AW=1, bei Mehrfachfehlerwerten dagegen ist AW>1.

Es ist offensichtlich, daß mit arithmetischen Codes ebenfalls alle Einzelbitfehler korrigierbar und Mehrfachbitfehler erkennbar sind. Außerdem können einige Mehrfachbitfehler korrigiert werden, solange sie in ihrer Wirkung einem Einzelfehlerwert entsprechen.

8. Coderedundanz

8.1 Anforderungen und Auswahl

Für die Applikation von Coderedundanzmaßnahmen für die Datensicherung und Operationsüberwachung sollten möglichst die folgenden Voraussetzungen erfüllt sein:

- Hardwareaufwand für die Fehlererkennung kleiner als bei Verdopplung
- Hardwareaufwand für Fehlerkorrektur kleiner als bei Verdreifachung
- Verlust an Verarbeitungsgeschwindigkeit möglichst gering und damit
- kontinuierliche (concurrent) Überwachung
- einheitliches Konzept für den Steuer- und Operationsbereich
- gute Fehlererkennungsleistung in Relation zum Aufwand

Mit dem Ziel, auch Operationen zu überwachen, d.h. Fehler bei arithmetischen und logischen Operationen zu erkennen und gegebenenfalls zu korrigieren, scheiden Hamming-Codes bzw. lineare Codes aus der Betrachtung aus. Aus der Menge der arithmetischen Codes wurde die Restklassencodierung gewählt /WAK78/. Diese (separate) Codierung hat gegenüber dem AN-(Produkt-)Code vor allem den Vorteil, daß die ursprünglichen Daten vom Coderedundanzteil getrennt geführt sind, und damit separate Hardwareeinrichtungen verwendet werden können. Außerdem ist es nicht notwendig, das Ausgangsdatum aus dem Codeset zu regenerieren (s. AN-Code). Dieser zusätzliche Hardwareaufwand kann vermieden werden.

8.2 Residuencode

Der implementierte Code wurde von Rao erläutert und basiert auf den Theoremen und Axiomen der Restklassenalgebra /RAO74/.
Operanden Op werden durch Anfügen eines entsprechenden Restes mod ma in Residuencodeworte transformiert. Hier wurde jedoch ein inverser Rest angefügt, um unidirektionale Fehler im ursprünglichen Datum und Restteil in bestimmten Fällen ebenfalls erkennen zu können: Der codierte Operand hat dann die Form

$$Op_a = \langle Op, IOp_a \rangle \qquad (8.1)$$

mit

$$IOp_a = ma-Op \bmod ma \qquad (8.2)$$

In den Gleichungen (8.1) und (8.2) ist IOp_a der inverse Rest des Operanden Op bezüglich des Moduls ma. Hat der Modul ma die Form

$$ma = 2^a - 1 \qquad (8.3)$$

so handelt es sich um einen sogenannten Low-cost-Code /AVI71/. In diesem Fall wird der Hardwareaufwand minimal und die Restegeneratoren können durch Bäume von Carry-end-around-Addierern (CEA-Addierer) realisiert werden. Teilt a die Zahl n der Bits des Operanden Op ganzzahlig, so erfolgt die Fehlererkennung eindeutig.

In der Tabelle (Bild 8.2) sind für n = 12, 16 und 20 zu den jeweils möglichen Werten von a die Stufenzahl st der CEA-Bäume und die zugehörige Anzahl az der Addiererzellen aufgetragen:

	n=12 st/az	n=16 st/az	n=20 st/az
a = 2	4/10	4/14	5/18
a = 3	3/ 9	-	-
a = 4	3/ 8	3/12	4/16
a = 5	-	-	-
a = 6	2/ 6	-	-
a = 8	-	2/ 8	-
a =10	-	-	2/10
a =12	1/-	-	-
a =16		1/-	-
a =20			1/-

Bild 8.1: Stufenzahl st und Addiererstellenanzahl az für verschiedene n und a

Die Wahl von a ist für den Hardwareaufwand und den Grad der Fehlererkennung verantwortlich: bei kleinem a ist die horizontale Redundanz durch Anfügung des Restes relativ gering, die vertikale Redundanz durch die notwendige CEA-Addiererstufen ist jedoch größer als bei größeren Werten von a. Da diejenigen Fehler nicht erkannt werden, die ein Datum (Operand, Adresse) bzw. ein Ergebnis so verfälschen, daß dieser Fehler einem ganzzahligen Vielfachen des Moduls ma entspricht, ist die Restfehlerwahrscheinlichkeit für kleine a größer als bei größeren Werten von a. Korrespondierend zu den Grundlagen der Restklassenalgebra /SZT67/ werden Transfer, Modifikation eines Datums oder Verknüpfung zweier Operanden für Daten und ihre zugehörigen Reste getrennt durchgeführt. Nach Beendigung der Operation wird aus dem Ergebnis R der Rest mod ma gebildet und dieser Rest mit dem Rest aus der Resteoperation verglichen. Im fehlerfreien Fall zeigen diese Reste keine Unterschiede.

Für die Fehlerkorrektur ist die Zufügung eines zweiten Restes IOp_b bezüglich eines anderen Moduls erforderlich:

$$Op_{ab} = \langle Op, IOp_a, IOp_b \rangle \qquad (8.4)$$

Dieser zweite Rest IOp_b wird unter den gleichen Voraussetzungen gebildet wie der Rest IOp_a, wobei sich eine hardwareoptimale Realisierung ergibt, wenn

$$n \leq a\,b \qquad (8.5)$$

erfüllt ist. b ist die Bitstellenzahl des Moduls mb. Zugunsten der Eindeutigkeit der Fehlererkennung sollen a und b unterschiedliche Werte haben; und zwar sollen a und b relativ prim und damit die Module ma und mb teilerfremd sein und n soll auch durch b ganzzahlig ohne Rest teilbar sein. Es lassen sich folgende sinnvolle Kombinationen angeben, die in Bild 8.2 mit einem (*) gekennzeichnet sind: für n=12 wird a=3 (ma=7) und b=4

	n=12 a·b	n=16 a·b	n=20 a·b
	2·7	2·9	2·11
*	3·4	3·7	3·7
	4·5	4·5	* 4·5
	5·3	6·4	6·4
	6·4	8·3	6·3
			10·3

Bild 8.2: Produktterme zu Gleichung (8.5) für verschiedene a und b

(mb=15) gewählt, für n=20 sind dieses a=4 (ma=15) und b=5 (mb=31). Für n=16 läßt sich keine Kombination ermitteln, die n=a·b entspricht. Für n<a·b wäre die nächste Möglichkeit a=4 und b=5. Neben dem gleichen Redundanzaufwand wie bei n=20 müßte hier auch die hardwaremäßige Ausfilterung der Syndromwerte für n=17,...,20 erfolgen.

Ein Ergebnis R_I besteht aus dem Ergebnis R der normalen Operandenverknüpfung und dem parallel dazu erzeugten Ergebnis IR_a bzw. IR_b der Resteverknüpfung:

$$R_I = \langle R, IR_a, IR_b \rangle \qquad (8.6)$$
$$= \langle R, f_a(IOp_{1a}, IOp_{2a}, IOp_{1b}, IOp_{2b}) \rangle$$

Außerdem sollten die Module ma und mb relativ prim sein, um eine eindeutige Fehlererkennung zu erhalten. Für die hier interessierende Anwendung ergeben sich jeweils die folgenden aus der Tabelle ermittelten Wertepaare: für n=12 ergibt sich ma=7(a=3) und mb=15(b=4), für n=20 folgt ma=15(a=4) und mb=31(b=5).

Unterscheiden sich die Reste, die aus einem Ergebnis R bestimmt werden, von denen, die sich aus der entsprechenden Verknüpfung der Operandenreste ergeben, so liegt ein Fehler vor. Entspricht dieser Fehler einer Verfälschung um einen Einzelfehlerwert, so läßt sich dieser Fehlerwert nach Betrag und Vorzeichen durch sogenannte Syndrome bestimmen. Ein Syndrom S besteht aus einem Syndromparameterpaar (sa,sb). Die Syndromparameter stellen die Differenz zweier Reste bezüglich eines gleichen Moduls dar. Subtrahend und Subtraktor sind der jeweilige Rest des Ergebnisses und der Rest, der sich durch die separate Verknüpfung der Operandenreste ergibt:

$$sa = R \bmod ma + IR_a \qquad (8.7a)$$
$$sb = R \bmod mb + IR_b \qquad (8.7b)$$

(Da hier der inverse Residuencode implementiert wird, ist statt der Subtraktion die mod-Addition durchzuführen!) Weichen die jeweiligen Reste voneinander ab, so lassen sich verschiedene Fehlerzustände angeben, wie sie in der folgenden Tabelle aufgelistet sind:

sa	sb	Bedeutung
0	0	fehlerfrei
0	X	Fehler im Rest mod mb
X	0	Fehler im Rest mod ma
X	X	Fehler im Ergebnis

Liegt kein Fehler vor, so werden die Syndromparameter die Wertepaare sa=0 und sb=0 haben.
Weist nur ein Syndromparameter einen Wert ungleich Null auf, so handelt

es sich um einen Fehler im Zusammenhang mit der Restegenerierung (mod ma oder mod mb) oder um einen fehlerhaften Eingangsrest am Ein-gang der Schaltung. In diesem Fall sollte eine Fehleranzeige erfolgen, das Ergebnis selber kann jedoch als korrekt angesehen werden.

Sind dagegen beide Syndromparameter von Null verschieden, so liegt ein Fehler im Ergebnis vor. In diesem Fall wird die Korrektur des Ergebnisses eingeleitet.

Da ein Fehlerwert E auf ein Datum bezogen einem entsprechenden Fehlerwert mod ma und mod mb in Bezug auf die Reste entspricht und damit ein Fehlerwert mit einem Syndrom korrespondiert, lassen sich zu jedem Syndrom S die Fehlerwerte E angeben (Tabelle in Bild 8.3):

I	$E_{SB} = +2^I$ $+E_m MOD7, +E_m MOD15$	$E_{SB} = -2^I$ $-E_m MOD7, -E_m MOD15$	$E_{SB} = +2^I$ $+E_m MOD15, +E_m MOD31$	$E_{SB} = -2^I$ $-E_m MOD15, -E_m MOD31$
0	1 . 1	6 . 14	1 . 1	14 . 30
1	2 . 2	5 . 13	2 . 2	13 . 29
2	4 . 4	3 . 11	4 . 4	11 . 27
3	1 . 8	6 . 7	8 . 8	7 . 23
4	2 . 1	5 . 14	1 . 16	14 . 15
5	4 . 2	3 . 13	2 . 1	13 . 30
6	1 . 4	6 . 11	4 . 2	11 . 29
7	2 . 8	5 . 7	8 . 4	7 . 27
8	4 . 1	3 . 14	1 . 8	14 . 23
9	1 . 2	6 . 13	2 . 16	13 . 15
10	2 . 4	5 . 11	4 . 1	11 . 30
11	4 . 8	3 . 7	8 . 2	7 . 29
12			1 . 4	14 . 27
13			2 . 8	13 . 23
14			4 . 16	11 . 15
15			8 . 1	7 . 30
16			1 . 2	14 . 29
17			2 . 4	13 . 27
18			4 . 8	11 . 23
19			8 . 16	7 . 15

Bild 8.3: Tabelle der Syndromparameter bei 12 bit und 20 bit Daten

Wird z.B. aus den Gleichungen (8.7 a,b) das Syndrom S=(sa,sb)=(8,2) bei 20 bit Operanden ermittelt, so entspricht diese Kombination dem Fehlerwert $E_{SB} = +2^i = +2^{11}$, da $2^{11} \bmod 15 = 8$ und $2^{11} \bmod 31 = 2$.

8.3 Fehlererkennung bei Operationen

Die Menge der Operationen läßt sich in arithmetische und logische Operationen unterteilen. Zu den arithmetischen Operationen werden auch die Shift- und Rotation-Funktionen gezählt.

Die Operanden Op mit n binären Stellen werden in der Koeffizientendarstellung zur Basis 2 angenommen:

$$Op = a_{n-1}2^{n-1} + a_{n-2}2^{n-2} + \ldots + a_1 2^1 + a_0 2^0 \qquad (8.8)$$

Für logische Operationen und Shift-/Rotation-Operationen entspricht diese Darstellung einer n bit positiven Dualzahl. Für alle anderen Operationen wird in der gleichen Darstellung vom 1'er-Komplement ausgegangen.

Die Eingangsoperanden seien die Operanden A und B mit den zugehörigen Resten $IA_a = A \bmod ma$ und $IB_a = B \bmod ma$. IR_a stellt den Rest mod ma dar, der aus dem Operandenergebnis R ermittelt wird.

Für einige Operationen werden die Gleichungen zur Fehlererkennung aufgelistet. Die Gleichungen zur Fehlerkorrektur unterscheiden sich lediglich durch das Hinzufügen entsprechender Terme mod mb.

Repräsentativ für die Gleichungen (8.9) bis (8.19) ist im Anhang der Beweis zu Gleichung (8.11) beschrieben.

Addition:
$$R_{IADD} = \langle A+B,\ IA_a +_{ma} IB_a \rangle \qquad (8.9)$$

Subtraktion:
$$R_{ISUB} = \langle A-B,\ IA_a +_{ma} IB_a \rangle \qquad (8.10)$$

Links-Shift:
$$R_{ILS} = \langle LS(A),\ LR(IA_a) +_{ma} a'_{n-1} 2^0 \rangle \quad \text{wobei} \qquad (8.11)$$

$$A_0^{t+1} := A_{n-1}^t \quad \text{und} \quad IA_{a,0}^{t+1} := IA_{a,a-1}^t$$

Links-Rotation:
$$R_{ILR} = \langle LR(A),\ LR(IA) \rangle \quad \text{wobei} \qquad (8.12)$$

$$A_0^{t+1} := A_{n-1}^t \quad \text{und} \quad IA_{a,0}^{t+1} = IA_{a,a-1}^t$$

Rechts-Shift:
$$R_{IRS} = \langle RS(A),\ RS(IA_a) +_{ma} 2^{a-1}(A_0 - A_{n-1}) \rangle \qquad (8.13)$$

$$A_{n-1}^{t+1} := A_{n-1}^t \quad \text{und} \quad IA_{a,a-1}^{t+1} := IA_{a,0}^t$$

Rechts-Rotation:
$$R_{IRR} = \langle RR(A),\ RR(IA_a) \rangle \quad \text{wobei} \qquad (8.14)$$

$$A_{n-1}^{t+1} := A_0^t \quad \text{und} \quad IA_{a,a-1}^{t+1} := IA_{a,0}^t$$

Inversion:
$$R_{IINV} = \langle INV(A), INV(IA_a) \rangle \qquad (8.15)$$

Transfer:
$$R_{ITR} = \langle A, IA_a \rangle \qquad (8.16)$$

Für die logischen Operationen wurden bisher lediglich die Verdopplung der logischen Funktionselemente zur Fehlererkennung oder deren Vervielfachung zur Fehlerkorrektur vorgeschlagen /GAR69/. Verfahren, die auf der Anwendung eines Codes basieren, führten die logischen Funktionen auf nur eine logische Grundoperation (verdoppelte Hardware) und eine entsprechende Anzahl von iterativen arithmetischen Operationen zurück. Diese arithmetischen Operationen wurden von einer fehlertoleranten Hardware ausgeführt /RAM72/.

Hier werden zur Überwachung von logischen Operationen jedoch Hardwareeinrichtungen mitbenutzt, die zur Überwachung auch der arithmetischen Operationen notwendig sind. Im folgenden sind nur die Grundoperationen erläutert, die gesamte Tabelle ist in /HAV82/ enthalten.

AND:
$$R_{IAND} = \langle A \text{ AND } B, f_{Aa}(IA_a, IB_a) \rangle \text{ wobei} \qquad (8.17)$$

$f_{Aa} = IA_a +_{ma} IB_a +_{ma} IR_a(A \text{ OR } B)$ parallel ermittelt wird

OR:
$$R_{IOR} = \langle A \text{ OR } B, f_{Oa}(IA_a, IB_a) \rangle \text{ mit} \qquad (8.18)$$

$f_{Oa} = IA_a +_{ma} IB_a +_{ma} IR_a(A \text{ AND } B)$

EXOR:
$$R_{IEXOR} = \langle A \text{ EXOR } B, f_{Ea}(IA_a, IB_a) \rangle \text{ mit} \qquad (8.19)$$

$f_{Ea} = IA_a +_{ma} IB_a +_{ma} 2 \cdot IR_a(A \text{ AND } B)$

Beispiele sind in /HAV82/ und /SCL82/ gegeben. Die Beschreibung der Hardware in 9. dient der weiteren Erläuterung.

9. Hardwarebeschreibung

Bild 9.1 stellt das Prinzipblockbild eines mikroprogrammierbaren Prozessors dar. Es sind lediglich die Kernbereiche enthalten, d.h. daß Interrupt-Logik etc. nicht berücksichtigt wurden. Die Startadresse eines Mikroprogrammes wird durch ein sogenanntes Mapping-PROM aus dem Operationscode einer Makromaschine decodiert. Die zu verknüpfenden Operanden werden der MCPU aus dem Bereich der Makromaschine zugeführt und Ergebnisse werden wieder dorthin übergeben. Die dick gezeichneten Blöcke
- MCU (Mikroprogrammsteuereinheit)
- MP-Memory (Mikroprogrammspeicher)
- MCPU (Mikroprogramm-CPU)

sind die überwachten Kernblöcke. Fehler im 16 bit-ALU-Bereich der MCPU werden durch einen einfachen Residuencode überwacht. Fehler in der MCU und in einem Teil des Speichers werden mittels Biresiduencode er-kannt und korrigiert.

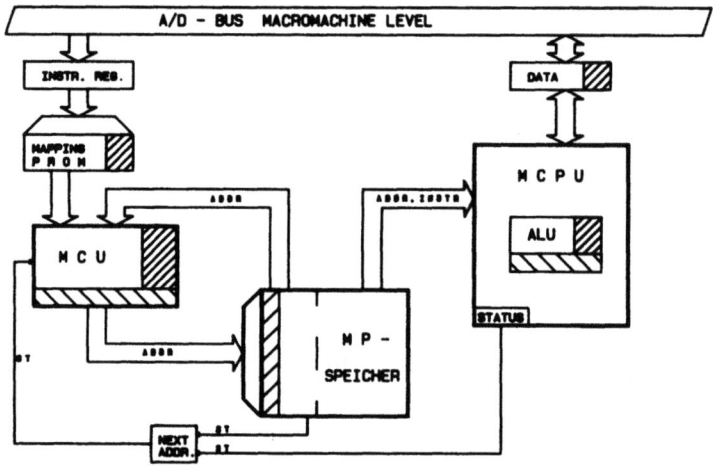

Bild 9.1: Prinzipblockbild eines mikroprogrammierbaren Prozessors

9.1 Fehlererkennung bei 16 bit-Operationen

Entsprechend der Tabelle in 7.2 wurde eine Redundanz von 4 bit für jeden Operanden gewählt. Das zugehörige Blockbild zeigt Bild 9.2. Es wird davon ausgegangen, daß die Operanden A und B mit ihren Resten mod ma (mod 15) IA_a und IB_a in Zwischenregistern bereitgestellt sind, wie dies z.B. in der AMD2901-CPU geschieht. Die ALU selber ist in zwei separate

Teile aufgeteilt, wovon der arithmetische Teil A auch die Shift- und Rotationsoperationen ausführt. Der logische Teil L dient nur den logischen Grundoperationen. Diese werden immer parallel ausgeführt, da unterschiedliche Teilergebnisse zur Fehlererkennung notwendig sind (vergl. Gleichungen (8.17) bis (8.19)). Je nach durchzuführender Operation wird über den Ergebnis-Multiplexer die Auswahl getroffen.

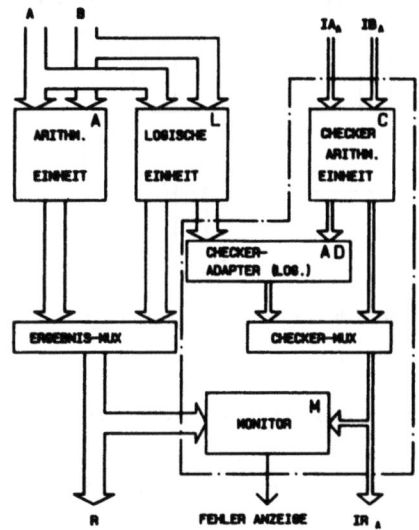

Bild 9.2:   Fehlererkennung bei 16 bit-ALU

Parallel zur Operationsausführung werden in der rechten arithmetischen Checkereinheit C die korrespondierenden Reste verknüpft. Es handelt sich hier um die arithmetische (mod ma) Verknüpfung entsprechend den Gleichungen (8.9) bis (8.16) bzw. um den arithmetischen Reste-Verknüpfungsteil der Gleichungen (8.17) bis (8.19).
Der Block D mit der Bezeichnung Checker-Adapter dient nur der zusätzlichen Resteverknüpfung bei logischen Operationen. Hier werden aus den logischen Zwischenergebnissen, die parallel zum eigentlichen logischen Ergebnis erzeugt wurden, die Reste mod ma generiert und mod ma zu dem Teil der arithmetischen Resteverknüpfung addiert (entsprechend Gleichungen (8.17) bis (8.19)).
Die Reste werden korrespondierend zur durchgeführten Operation per Multiplexer durchgeschaltet.
Die Überwachung erfolgt durch Restegenerierung mod ma aus dem Ergebnis und Vergleich mit dem durchgeschalteten Rest im Monitorblock.
Der Checkeradapter (Block D) enthält in der Version bei Abschluß des Vorhabens drei parallele Eingänge aus der logischen UND-, ODER- und

EXOR-Verknüpfung der Operanden A und B. Diese Zwischenergebnisse werden je einem Restegenerator zugeführt (Bild 9.3).

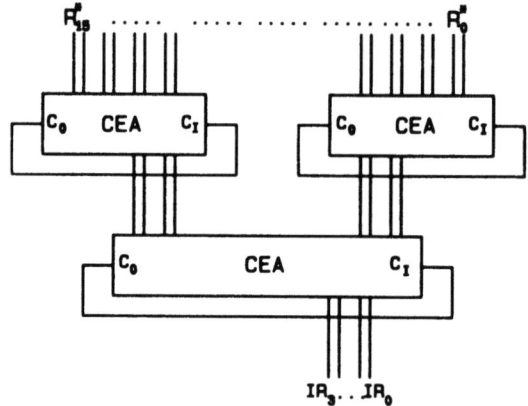

Bild 9.3: Restegenerator für n=16 und ma=15 (a=4)

Ein Restegenerator besteht aus einem 4 bit-CEA-Addierer-Baum in zwei Stufen. Das Ergebnis dieser Restegeneration entspricht dem Rest aus den Klammerausdrücken der Gleichungen (8.17) bis (8.19). Die Resteadaption wird durch eine mod ma-Addition mit dem parallel erzeugten arithmetischen Resteteil vervollständigt.

Der Monitor besteht aus einem Restegenerator (zur Erzeugung des Ergebnisrestes) und einem selbst-testenden Checker, der die Sollreste mit den Ergebnisresten auf Gleichheit überprüft.

Auf die detaillierte Darstellung der mit MSI/LSI-Elementen realisierten Schaltungen wird verzichtet.

Unter den Voraussetzungen für den arithmetischen Fehlerwert (Kap. 7) werden damit die folgenden Blöcke des ALU-Kerns überwacht:

- die arithmetische und logische Einheit
- der Ergebnis-Multiplexer
- die Einheit zur arithmetischen Resteverknüpfung
- der Resteadapter-Block (inkl. Restegeneratoren und Addierer)
- der Reste-Multiplexer
- der Restegenerator und Checker des Monitor-Blocks.

Grundsätzlich ist die Fehlerkorrektur mittels zweitem Rest auch bei der Operationsausführung möglich. Aus Aufwandsgründen wurde jedoch lediglich die Erkennung realisiert, die Korrektur blieb Studienobjekt.

9.2 Fehlerkorrektur für 12 bit-Adressen

Die Adressen werden in der Mikroprogrammsteuereinheit

- transferiert,
- zwischengespeichert und
- inkrementiert.

Für die Sicherung der ersten beiden Funktionen könnte ein geeigneter linearer Code mit Anpassung an den auftretenden Fehlertyp appliziert werden. Für die Inkrementierung der Adressen ist ein linearer Code nur bedingt geeignet. Da mit dem inversen Biresiduencode auch die Sicherung der dritten Funktion möglich ist und somit für den gesamten Prozessor ein einheitliches Konzept gegeben ist, wurde die Anwendung dieses arithmetischen Codes untersucht und realisiert. Den zentralen Bestandteil von Bild 9.4 stellt die Mikroprogrammsteuereinheit dar, wie sie vom AMD2909-

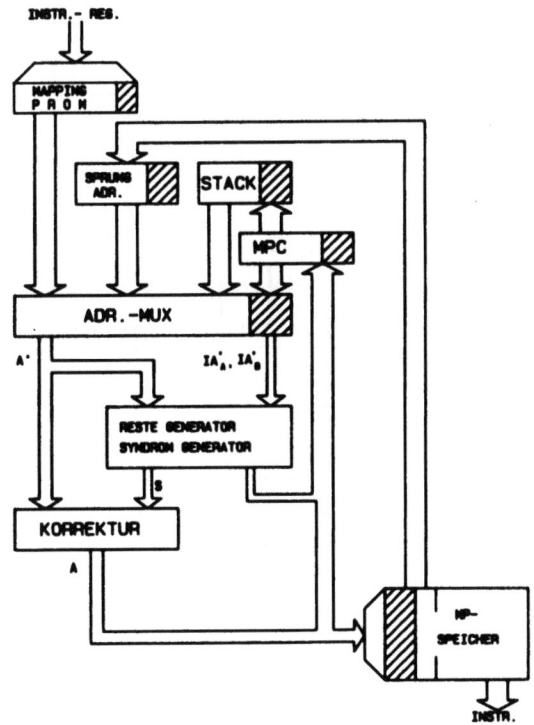

Bild 9.4: Fehlerkorrektureinrichtungen für die 12 bit-Steuereinheit

Sequenzer bekannt ist. Sie besteht aus dem Adressen-Multiplexer, dem
Mikroprogrammzähler (Inkrementer und Register), dem Stack, dem Sprunga-
dressen-Register und dem Mapping-PROM zur Decodierung des Opcodes. Diese
Elemente nehmen die Adressen auf und sind um die schraffiert gezeichneten Bereiche, die die Restepaare enthalten, erweitert.
Der Mikroprogrammspeicher ist ebenfalls um eine entsprechende Bitzahl
(a=4, b=3) erweitert, da hier Sprungadressen enthalten sind.
Die Reste zur Adressensicherung sind a priori berechnet und werden bei
der Programmierung des Speichers und des Mapping-PROM den Adressen
zugefügt.
Die zur Fehlererkennung bzw. -korrektur benötigten Module sind

   - der Reste- und Sydromgenerator und
   - die Korrekturlogik.

Bild 9.5 zeigt diese beiden Blöcke, wobei der Rahmen A) der Minimal-

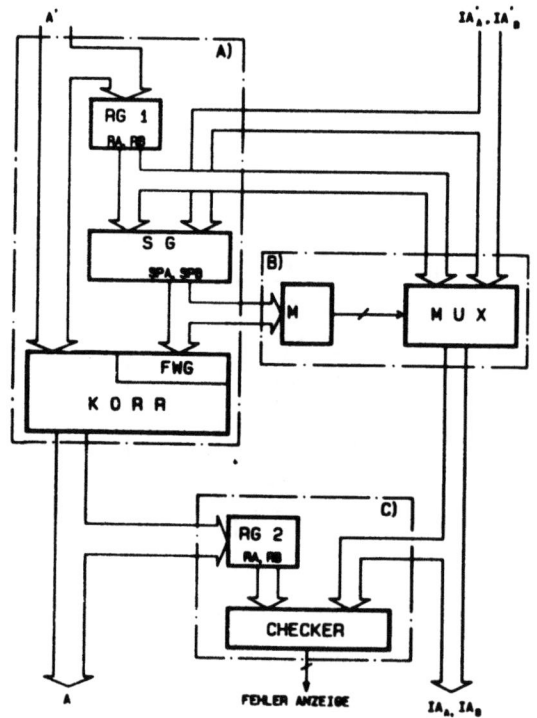

Bild 9.5: Fehlererkennungs- und Fehlerkorrekturlogik (12 bit Adr.)

konfiguration entspricht. Der Restegenerator RG1 dient der Restebildung mod ma und mod mb der auszugebenden Adresse A'. Aus diesen Resten und den zu A' gehörenden Resten IA'_a und IA'_b werden im Syndromgenerator die Syndromparameter spa und spb generiert. Aufgrund der Differenzenbildung gemäß (8.7) läßt sich zunächst feststellen, ob die Syndromparameter von Null verschieden sind. Der Sydromgenerator besteht aus je einem CEA-Addierer (mod ma und mod mb) für spa und spb.

Der Korrektureinheit ist der Fehlerwertgenerator FWG zugeordnet. Dieser erzeugt aus den Syndromparametern den jeweiligen Einzelfehlerwert wie er der Tabelle in Kap. 8.2 entspricht. Das Prinzip der FWG-Logik zeigt Bild 9.6:

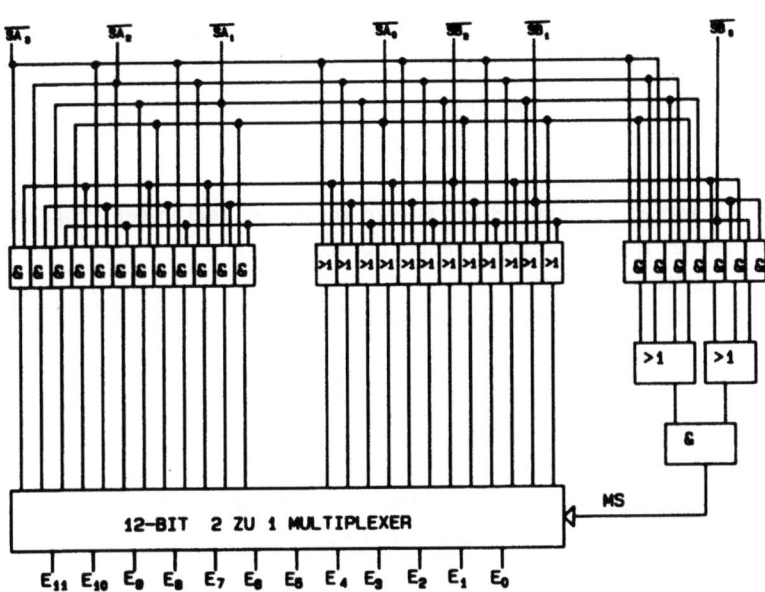

Bild 9.6: Logik des Fehlerwertgenerators FWG

Die Syndromparameter werden gemäß Gleichungen (8.7a) und (8.7b) berechnet und am Ausgang des Syndromgenerators invertiert. Aus diesen inversen Syndromparametern werden die positiven und negativen Fehlerwerte durch die in Bild 9.6 dargestellte einfache logische Verknüpfung gebildet. Hierbei wird die Tatsache ausgenutzt, daß die Syndromparameter sa und sb im Falle von Einzelfehlern E_S ein arithmetisches Gewicht AW=1 haben, d.h. die Form $\binom{a}{1}$, $\binom{b}{1}$ oder $\binom{a}{a-1}$, $\binom{b}{b-1}$. Dadurch wird das Multiplexersignal MS gebildet, das die Durchschaltung des positiven oder negativen Fehlerwertes E_S steuert. Über den Multiplexer wird der vorzeichenrichtige Fehlerwert zur Korrekturlogik durchgeschaltet.

Die Korrekturhardware KORR besteht aus einem 12 bit-CEA-Addierer entsprechend Gleichung (7.5). Am Ausgang dieses Addierers liegt das korrigierte Datum bzw. die korrigierte Adresse an.

Die Blöcke B) und C) des Bildes 9.5 stellen eine Erweiterung der Korrektureinrichtung dar. Block B) dient dabei dem zusätzlichen Austausch der Reste im Falle eines Fehlers bezüglich der Reste (Checker) selber. Es wird davon ausgegangen, daß die parallel zur auszugebenden Adresse angelegten Reste fehlerhaft sind und die "neuen" Reste für die weitere Bearbeitung durchgeschaltet werden.

Block C) schließlich überwacht die Korrekturlogik dadurch, daß aus der korrigierten Adresse ebenfalls die Reste generiert (RG2) und diese mit den auszugebenden Resten auf Gleichheit überprüft werden. Die Problematik dieser Blöcke B) und C) beruht in der doch erheblichen zusätzlichen Restfehlerwahrscheinlichkeit und dem zusätzlichen Verlust an Verarbeitungsgeschwindigkeit. Bei der hardwaremäßigen Realisierung wurden daher diese Blöcke nicht vorgesehen.

Mit dem Verfahren sind Fehler in den folgenden Teilen der Programmsteuerung erkennbar bzw. korrigierbar (s. Bild 9.4):
- im Mapping-PROM
- im Sprung-Adressen-Register
- im Adressenspeicher (Stack)
- im Programmzähler
- im Adressenmultiplexer
- im Restegenerator
- im zugehörigen Teil des Mikroprogrammspeichers und
- in den koinzidenten Datenpfaden.

9.3 Aufwand

Bei den in Kap. 9ff dargestellten und erläuterten Hardwareteilen sind sog. Synchronisationsregister nicht enthalten. Die Register übernehmen gleichzeitig die Funktion von Pipeline-Registern. Die mehrmalige Taktung zu Beginn eines Mikroprogrammablaufs wird als vernachlässigbar angesehen. Durch diese Register werden zusätzliche Gatterlaufzeiten ausgeglichen, die durch die Erkennungs- und Korrekturlogiken notwendig sind. Außerdem werden durch diese Register innerhalb der betroffenen Schaltungsteile definierte Zwischenzustände zur Fehlerauswertung erreicht. Die Verarbeitungsgeschwindigkeit ist dadurch niedriger als die Verarbei-

tungsgeschwindigkeit ohne Synchronisationsregister, da auf diese Weise
die Originalfunktion und die Schritte zu Fehlererkennung bzw. -korrektur
verschachtelt ausgeführt werden.

Um den Hardwareaufwand und den Verarbeitungszeitverlust abschätzen zu
können, wurde eine Emulation der Schaltungen auf Gatter-/Registerebene
durchgeführt. Für jedes Gatter und jede Registerzelle wurde die entsprechende Anzahl von CMOS-Transistoren zugrunde gelegt. Die CMOS-Transistorpaare (CTP) wurden gewählt, um bei Gattern mit mehr als zwei
Eingängen durch Hinzufügen eines CTP pro Eingang zu einer vergleichbaren
Darstellung zu gelangen, d.h. um dem erhöhten Chipflächenbedarf pro
zusätzlichem Eingang gerecht zu werden. Eine Auswahl ist in der folgenden Liste gegeben:

NAND, NOR, EXOR mit 2 Eingängen	--- 2 CTP
AND, OR mit 2 Eingängen	--- 3 CTP
NAND mit 3 Eingängen	--- 3 CTP
Inverter	--- 1 CTP
D-Flipflop	--- 13 CTP

Auf dieser Basis konnten die CMOS-Paare für die einzelnen Teilschaltungen gezählt werden. Die Bilder 9.7 und 9.8 geben die Ergebnisse für die
verschiedenen Variationen wieder.

Von der Gatter-/Registeremulation ausgehend wurden auch die Verzögerungszeiten für die Schaltung ohne Redundanzen und mit Zusatzhardware
ermittelt. Es wurden die für TTL-Elemente angegebenen Verzögerungszeiten
zugrunde gelegt, um auch hier eine einheitliche Basis zu erhalten
(Bilder 9.7 und 9.8). Die Wahl der TTL-Verzögerungszeit ist durch den
Schaltungsentwurf, die dabei verwendeten Bauelemente und deren Verfügbarkeit gegeben. So wird z.B. für ein NAND mit 2 Eingängen eine mittlere
Verzögerungszeit von $t_{pd} = 10$ ns angenommen.

Beide Abschätzungen sind natürlich für die LSI/VLSI-Realisierung unrealistisch, da sich die Schaltungen auf einem Chip günstiger integrieren
lassen und auch die zeitlichen Bezüge für einen integrierten Schaltkreis
nicht exakt gelten. Dennoch liefern die Emulationsergebnisse vergleichbare und auswertbare Zahlenwerte, da für jeden Fall die gleichen Voraussetzungen gültig sind.

16 BIT ALU-KERN	CMOS-TRANS.PAARE	VERARBEITUNGSZEIT	
		ARITH.	LOGICAL
EINFACHER ALU-KERN	2.053	141 ns	24 ns
ALU-K. MOD 3/2	3.502	180 ns	208 ns
ALU-K. MOD 15/4	4.113	154 ns	162 ns
ALU-K. MOD 255/8	4.770	128 ns	136 ns

Bild 9.7: Hardwareaufwand mit Verzögerungszeit für die 12 bit Mikroprogrammsteuerung

12 BIT MCU	CMOS-TRANS.PAARE	VERARBEITUNGSZEIT
EINFACHE MCU	1.925	86 ns
UEBERWACHTE MCU MOD15 (A=4)	2.870	154 ns
FEHLERTOLERANTE MCU MOD15, MOD7 (A=4, B=3)		
VERSION A)	4.357	289 ns
VERSION A) +B)	4.470	289 ns
VERSION A) +C)	4.937	463 ns
VERSION A) +B) +C)	5.050	463 ns

Bild 9.8: Hardwareaufwand und Verzögerungszeit für den 16 bit CPU-Kern

Weitere Relationen zu ungesicherten Schaltungen als diejenigen, die sich direkt aus den angegebenen Tabellen ergeben, werden nicht ermittelt, da diese von Struktur und Umfang eines endgültigen Prozessors abhängen. Vor allem bezüglich der Maßnahmen für den CPU-Kern sind jedoch noch günstigere Werte zu erwarten, da bei einer vollständigen CPU mehrere Schaltungsteile zugefügt werden, die nicht oder nur teilweise in die Fehlererkennung einbezogen werden.

Insgesamt läßt sich feststellen, daß der Aufwand der Fehlererkennung bei der hier implementierten Methode unter dem Aufwand der Verdopplung liegt. Allerdings ist die Restfehlerwahrscheinlichkeit größer als bei der Verdopplung (Verdopplung der die Daten verarbeitende Einheit), wenn man voraussetzt, daß die Wahrscheinlichkeit, Fehler in den Fehlererkennungsschaltungen und an deren Eingängen zu erkennen, in beiden F len gleich groß ist.

Für die Fehlerkorrektur bei der Programmsteuerung gilt das Gleiche, d.h. der Aufwand der Verdreifachung mit Mehrheitsentscheid ist größer als bei Anwendung der Couesicherung.

Wie bereits erwähnt, variiert der Grad der Fehlererkennung bei der Residuencodierung mit der Wahl des Moduls. Bei n bit Daten könnte der Modul ma zwischen $1 \leq ma \leq n$ liegen und somit - ganzzahlige und n teilende Modullängen vorausgesetzt - zwischen dem schlichten Paritätsbit und der Verdopplung des zu überwachenden Datums liegen. Diese bedeutet einen stetigen Zuwachs der Fehlererkennungsrate bis zur Verdopplung in Abhängigkeit von den redundanten Sicherungsbits. Dabei sei jedoch hervorgehoben, daß durch die codierte Form der Daten bei der Residuencodierung auch Eingangsfehler (fehlerhafte Eingangsdaten) erkennbar sind; bei der einfachen Verdopplung der die Daten verarbeitenden Einheiten ist dieses nicht möglich.

Bei einem Datum im Residuencode ist ein Fehler im Datenteil dann nicht erkennbar, wenn der Fehler dem ganzzahligen Vielfachen des Moduls ma entspricht. In diesen Fällen würde jeweils derselbe Rest gebildet werden. Die Häufigkeit, mit der dieser Fall eintritt, ist $fr=1/ma$.

Für ma=15 ist fr=0,0667, wobei vorausgesetzt ist, daß jeder Fehlerwert gleichwahrscheinlich ist. Damit geht die Häufigkeit in die Wahrscheinlichkeit p_{ud} über, daß ein Fehler unerkennbar ist: $p_{ud}=fr$.

Die Wahrscheinlichkeit p_d, mit der beliebige Fehler erkannt werden, also sowohl die "traditionellen" Bitfehler als auch die Fehler, die durch fehlerhafte Operationen entstehen, beträgt damit $p_d = 1 - p_{ud}$ und im Beispiel $p_d = 93,33$ %. Außerdem ist nochmals hervorzuheben, daß bei der Codesicherung auch die Korrektheit der Eingangsvariablen (Operanden oder Adressen) selber überprüft wird. Bei Verdopplung bzw. Vervielfachung der Hardware wird eine fehlerhafte Eingangsvariable nicht erkannt.

10. Zusammenarbeit mit anderen Wissenschaftlern

Ein Austausch von Erfahrungen und Forschungsergebnissen besteht mit

- Prof. Dr.-Ing. W. Görke, Universität Karlsruhe, Institut für Informatik IV, in Form von Seminaren, bei denen auf dem Gebiet

der Fehlerdiagnose tätigen Hochschul- und Industrieforscher
(Siemens AG, BBC, SEL, Bosch, Universität Karlsruhe, München und
Duisburg, TH-Aachen) zusammentreffen.

- Prof. Dr.-Ing. E. Kubalek   Werkstoffe der Elektrotechnik
  Universität -GH- Duisburg

- Mitarbeit im Arbeitskreis "Prüfung Digitaler Schaltungen" der
  CEFE (CAD- Entwicklungsgesellschaft Feinwerktechnik und Elektronik). Dort treffen sich mehrmals jährlich die Fachleute der auf
  diesem Gebiet tätigen und in der CEFE aktiven Firmen und Hochschulen (SEL, WMI, Bosch, BBC, Universität Duisburg und TH Aachen).

- Fachgruppe "Fehlertolerierende Rechensysteme" der Gesellschaft
  für Informatik. Konstituierendes Mitglied der Fachgruppe,
  Austausch von Informationen bei Fachgesprächen und Tagungen.

11. Ausblick

Die in diesem Forschungsvorhaben untersuchten und entwickelten Maßnahmen
beziehen sich auf einen einzelnen Prozessor und auf eine relativ niedrige Betrachtungsebene (Gatter/Register). Ohne Systemintelligenz einzubeziehen, läßt sich der Aufwand dieser Methoden relativ leicht abschätzen und außerdem ist eine Anpassung an verschiedene Datenlängen
gegeben.
Die Erfahrungen und Ergebnisse, die bei diesem Forschungsvorhaben gewonnen werden konnten, werden u.a. ab 1985 im Rahmen eines internationalen
EG-Projektes "CAD System for VLSI Testing" beim Entwurf eines fehlertoleranten Testprozessors Anwendung finden.

Literatur

/ACD83/   Ammann E.,Risse T.,Brause R.,Dal Cin M.,Dilger E.,Lutz.J.
"Theoretical Aspects of Test and Diagnosis in ATTEMPTO"
Proc. of VI. Fault-Tolerant Systems and Diagnostics
Conference, Brno, CSSR, Sept. 1983

/AMD80/   Advanced Micro Devices
"Am 2960 Error Detection and Correction Unit"
Dynamic Memory Support Products, 1980

/AME73/   Anderson D.A., Metze G.
"Design of Totally Self-Checking Check Circuits for
m-out-of-n Codes"
IEEE Tr.on.Comp.,Vol. C-22, March 1973

/BES82/   Beifuß W., Schmitter E.J.
"Fehlertoleranz in einem Multi-Mikrocomputersystem"
NTG-Fachtagung: Struktur und Betrieb von Rechensystemen
(NTG-Fachberichte Band 80), Ulm 1982

/BRE78/   Breidenbach P.
"Entwurf und Aufbau eines fehlertoleranten
Mikroprozessors"
Diplomarbeit am Inst.f.Nachrichtengeräte und
Datenverarbeitung der RWTH-Aachen, 1978

/COO73/   Cook R.W., Sisson W.H., Storey T.F., Toy W.N.
"Design of a Self-Checking Microprogram Control"
IEEE TR. on Comp., C-27, No 6, June 1973

/GAR69/   Garcia O.N.
"Error Codes for Arithmetic and Logical Operations"
Ph.D.Dissertation, Dept.of El.Eng.,Univ.of Maryland,
College Park 1969

/GUT83/   Guterl F.
"Chip Architecture: a Revolution Brewing"
IEEE Spectrum, Vol. 20, No.7, July 1983

/HAV82/ Havermann H.
"Entwurf eines fehlertoleranten Operationswerkes für einen mikroprogrammierbaren Prozessor"
Diplomarbeit am Institut für Datenverarbeitung der Universität-GH-Duisburg 1982

/HÖI78/ Höfle-Isphording U.
"Zuverlässigkeitsrechnung-Einführung in ihre Methoden"
Springer, Berlin 1978

/KRT81/ Kraft G.D., Toy W.N.
"Microprogrammed Control and Reliable Design of Small Computers"
Prentice-Hall, Englewood Cliffs, 1981

/KUB83/ Kuban J., Bruce B.
"The MC6804P2 Built-In Self-Test"
Proc. of 1983 Int. Test Conference, Philadelphia 1983

/LOR80/ Lorbeer G.
"Aufbau einer Steuerung für den Betrieb eines AMD 2900 Sytems"
Diplomarbeit am Institut für Datenverarbeitung der Universität-GH-Duisburg 1980

/MAE82/ Maehle E., Joseph H.
"Selbstdiagnose in fehlertoleranten Dirmu-Multimikroprozessoren"
GI-Fachtagung "Fehlertolerierende Rechnersysteme"
IFB 54, München, März 1982

/MEC80/ Mead C., Conway L.
"Introduction to VLSI Systems"
Addison-Wesley, 1980

/NAM82/ Namjoo M.
"Techniques for Concurrent Testing of VLSI Processor Operation"
Proc. Int. Test Conference, Cherry Hill, 1982

/OSB76/   Osborne A.
            "An Introduction to Microcomputers"
            Vol.II, Sybex, Paris 1976

/PAT82/   Patel J.H., Fung L.Y.
            "Concurrent Error Detection in ALU's by Recomputing
            with Shifted Operands"
            IEEE Trans. on Comp., Vol. C-31, July 1982

/PEW72/   Peterson W.W., Weldon E.J.
            "Error Correcting Codes"
            MIT-Press, Cambridge Ma, 1972

/RAM72/   Rao T.R.N., Monteiro P.
            "A Residue Checker for Arithmetic a. Logical Operations"
            Proc.of Int.Symp.on Fault-Tolerant Computing,
            New York 1972

/RAO74/   Rao T.R.N.
            "Error Coding for Arithmetic Processors"
            Academic Press, New York 1974

/REI79/   Reiner H.
            "Zuverlässigkeitsprobleme bei höchstintegrierten
            Schaltungen"
            NTG-Fachtagung: Höchstintegrierte Schaltungen (NTG-
            Fachberichte Band 68) Baden-Baden 1979

/SAM81/   Sammer E.
            "Tandem-Architecture of a Succesfull Faulttolerant Syst."
            Workshop on Self-Diagnosis and Fault-Tolerance,
            Universität Tübingen, 9.-10.07.1981

/SCL82/   Schlünkes U.
            "Entwurf einer fehlertoleranten Mikroprogrammsteuerung
            für einen mikroprogrammierbaren Mikroprozessor"
            Diplomarbeit am Institut für Datenverarbeitung der
            Universität -GH- Duisburg, 1982

/SOE78/ Soetjipto G.
"Entwurf zur Konstruktion von zuverlässigen Mikroprozessorsystemen"
Diplomarbeit am Institut für Nachrichtengeräte und Datenverarbeitung der RWTH-Aachen, 1978

/STR83/ Ströhle D.
"Ausfallursachen hochintegrierter Schaltungen"
Vortrag am Institut für Nachrichtengeräte und Datenverarbeitung der RWTH-Aachen, 10-01-1983

/SYR81/ Syrbe M.
"The Description of Fault-Tolerant-Systems - a Necessity of the Practice"
Workshop on Self-Diagnosis and Fault-Tolerance, Universität Tübingen, 9.-10.07.1981

/SZT67/ Szabo N.S., Tanaka R.I.
"Residue Arithmetic and its Appplication to Computer Technology"
McGraw-Hill, New York 1967

/TRA82/ Trautwein M.
"Fehlertoleranz bei Mikroprozessoren"
GI-Fachtragung "Fehlertolerierende Rechnersysteme"
IFB 54, Springer-Verlag 1982

/TRA83.1/ Trautwein M.
"Address and Operand Stimulated On-line Testing"
IEEE Built-In Self Test Workshop,
Charleston, SC, USA, März 1983

/TRA83.2/ Trautwein M.
"Self-Checking of the ALU-Kernel and Fault-Tolerant Control of a Microprogrammed Microprocessor"
Proc. of VI. Fault-Tolerant Systems and Diagnostics Conference, Brno, CSSR, Sept. 1983

/TRA83.3/   Trautwein M.
             "Bericht über die FTCS - 13"
             Vortrag am Institut für Datenverarbeitung der Universität -GH- Duisburg, Juli 1983

/WAF83/   Wong Y.W., Abraham J.A., Fuchs W.K., Davidson E.S.
             "The Design of a Microprogram Control Unit with Concurrent Error Detection"
             Proceedings of 13th Int. Symp. Fault-Tolerant Computing, Milano, June 1983

/WAK78/   Wakerly J.F.
             "Error Detecting Codes, Self-Checking Circuits and Applications"
             Elsevier North-Holland, New York 1978

/WEY79/   Weygang H.H.
             "Fehleranalyse an integrierten Halbleiterschaltungen"
             Elektronik, Nr. 12, 1979

Anhang

Ableitung der Leftshift-Operation (LS) zur Fehlererkennung mittels Residuencode

Wird für binäre Operanden von der Koeffizientendarstellung zur Basis B=2 ausgegangen

$$Op^t = a_{n-1}^t \cdot 2^{n-1} + a_{n-2}^t \cdot 2^{n-2} + \ldots + a_1^t \cdot 2^1 + a_0^t \cdot 2^0, \qquad (I)$$

dann können die Operanden als positive Dualzahlen interpretiert werden. Für die Leftshift-Operation folgt daraus:

$$LS(Op) = Op \cdot 2^1 - a_{n-1}^t \cdot 2^n \quad \text{mit } a_0^{t+1} = 0 \qquad (II)$$

Wenn ein Operand im Residuencode codiert ist, gilt:

$$Op_R = \langle Op, Op_a \rangle \text{ mit } Op_a = \text{mod ma und ma} = 2^a - 1 .$$

Es soll nun die folgende Behauptung bewiesen werden:

$$LS(Op_R) = \langle LS(Op), (LR(Op_a) - a_{n-1}^t \cdot 2^0) \text{ mod ma} \rangle \qquad (III)$$

Gemäß der Restklassenalgebra ist f(Op) mod ma = f(Op mod ma) und damit kann der auf die (mod ma)-Operation bezogene Teil der Behauptung (III) bewiesen werden.
Aus (II) folgt

$$(Op \cdot 2^1 - a_{n-1}^t \cdot 2^n) \text{ mod ma}$$
$$= (Op \text{ mod ma} \cdot 2^1 \text{ mod ma} - a_{n-1}^t \cdot 2^n \text{ mod ma}) \text{ mod ma}$$
$$= (Op_a \cdot 2^1 \text{ mod ma} - a_{n-1}^t \cdot 2^n \text{ mod ma}) \text{ mod ma}$$

Die Zwischenrechnung für "2^n mod ma" liefert:
Da n ohne Rest durch a teilbar ist, entspricht n = l·a mit l = 1,...,k und k = n/a. Damit ist $2^n = 2^{la}$ und 2^{la} mod ma = $(2^a)^l$ mod ma.
Da

$$2^a \text{ mod ma} = 2^a \text{ mod } (2^a-1) = (2^a-1+1) \text{ mod } (2^a-1)$$
$$= ((2^a-1)+1) \text{ mod } (2^a-1)$$
$$= (2^a-1) \text{ mod } (2^a-1) +_{ma} 1 \text{ mod } (2^a-1)$$
$$= 1 \text{ mod ma} = 2^0 \text{ mod ma} = 2^0,$$

folgt für

$$2^n \bmod ma = (2^a)^1 \bmod ma = 1^1 \bmod ma = 2^0 \bmod ma = 2^0. \quad (IV)$$

Damit folgt für GL.(III) weiter:

$$(Op \cdot 2^1 - a_{n-1}^t \cdot 2^n) \bmod ma = (Op_a \cdot 2^1 \bmod ma - a_{n-1}^t \cdot 2^0) \bmod ma$$

Da $Op_a \cdot 2^1 \bmod ma = (Op_a + Op_a) \bmod ma$, entspricht dieses der Linksrotation des Restes Op_a.

Damit ist

$$(Op \cdot 2^1 - a_{n-1}^t \cdot 2^n) \bmod ma = (LR(Op_a) - a_{n-1}^t \cdot 2^0) \bmod ma$$
$$= (LR(Op_a) +_{ma} a_{n-1}^t \cdot 2^0)$$

q.e.d.

Für Operanden, die im inversen Residuencode codiert sind, ist die Gleichung (8.11) zu beweisen, in der behauptet wird:

$$LS(Op_{IR}) = <LS(Op), LR(IOp_a +_{ma} a_{n-1}^t \cdot 2^0> \quad (V)$$

Für inverse Reste gilt $IOp_a = ma - Op_a$ und damit ist der inverse Rest der Leftshift-Operation

$$(ma - (Op \cdot 2^1 - a_{n-1}^t \cdot 2^n)) \bmod ma$$
$$= (ma - Op \cdot 2^1 + a_{n-1}^t \cdot 2^n) \bmod ma$$
$$= (ma - Op \bmod ma \cdot 2^1 + a_{n-1}^t \cdot 2^n) \bmod ma$$

Mit Gl.(IV) folgt

$$= (ma - Op_a \cdot 2^1 + a_{n-1}^t \cdot 2^0) \bmod ma$$
$$= (ma - LR(Op_a) + a_{n-1}^t \cdot 2^0) \bmod ma$$
$$= (LR(Op_a) + a_{n-1}^t \cdot 2^0) \bmod ma$$
$$= LR(Op_a) +_{ma} a_{n-1}^t \cdot 2^0$$

Damit folgt

$$LS(Op_{IR}) = <LS(Op), LR(Op_a) +_{ma} a_{n-1}^t \cdot 2^0> \quad (VI)$$

Diese Beziehung kann weiterentwickelt werden. Für

$$LR(Op_a) = (ma - LR(Op_a)) \bmod ma$$
$$= (ma + ma - LR(Op_a)) \bmod ma, \text{ da } ma \bmod ma = 0$$

Da $LR(Op_a) = 2^1 \cdot Op_a \mod ma = (Op_a + Op_a) \mod ma$
$= (ma + ma - (Op_a + Op_a) \mod ma) \mod ma$
$= (ma - Op_a +_{ma} - Op_a) \mod ma$

und da $ma - Op_a = IOp_a$, folgt für

$LR(Op_a) = (IOp_a + IOp_a) \mod ma = 2^1 \cdot IOp_a \mod ma = LR(IOp_a)$.

Damit ist $LR(Op_a) = LR(IOp_a)$ und für Gl.(8.11) folgt:

$LS(Op_{IR}) = \langle LS(Op), LR(IOp_a) +_{ma} a_{n-1}^{\ell} \cdot 2^0 \rangle$

q.e.d.

FORSCHUNGSBERICHTE
des Landes Nordrhein-Westfalen

*Herausgegeben
vom Minister für Wissenschaft und Forschung*

Die „Forschungsberichte des Landes Nordrhein-Westfalen" sind in zwölf Fachgruppen gegliedert:

Geisteswissenschaften
Wirtschafts- und Sozialwissenschaften
Mathematik / Informatik
Physik / Chemie / Biologie
Medizin
Umwelt / Verkehr
Bau / Steine / Erden
Bergbau / Energie
Elektrotechnik / Optik
Maschinenbau / Verfahrenstechnik
Hüttenwesen / Werkstoffkunde
Textilforschung

WESTDEUTSCHER VERLAG
5090 Leverkusen 3 · Postfach 30 06 20

MIX
Papier aus verantwortungsvollen Quellen
Paper from responsible sources
FSC® C105338

If you have any concerns about our products,
you can contact us on
ProductSafety@springernature.com

In case Publisher is established outside the EU,
the EU authorized representative is:
**Springer Nature Customer Service Center GmbH
Europaplatz 3, 69115 Heidelberg, Germany**

Printed by Libri Plureos GmbH
in Hamburg, Germany